JN409251

새벽을 열다

김일두 시집

채운재

시인의 말

통금에 쫓기며
숨가빴던 시절이 문득 생각납니다.
일을 마무리하였는데,
새로운 일이 기다리는 줄 몰랐고
나와의 숙명인지도 모릅니다.
그래서 두렵고, 새로운 세계가 궁금하기도 하는
풋내기 시인이지만 설레는 마음으로 들어섰으니
정성스레 사랑하고 기꺼이 고뇌하렵니다.

2014년 9월
저자

■시집에 부쳐■

아름다운 빛을 보는

김건중(전, 한국문인협회부이사장)

첫 시집에 몇 자 덧붙인다는 것이 조심스러운 일이 아닐 수 없다. 그러나 김일두 시인의 경우는 나 스스로 꼭 쓰고 싶었다.

김일두 시인은 필자가 발행하는 「한국작가」를 통해 등단했고, 필자가 강의를 맡은 문예대학에서 수강한 인연이 있기 때문이다. 하지만 이것은 객관적인 인연이고 그 보다는 인간적 측면에서 다가가고 싶은 분이라는 것이 솔직한 고백이다.

문학뿐 아니고 모든 배움의 목적은 인간이 되기 위한 것이라고 생각한다. 그만큼 인간의 품성이 모든 것에서 우선시되기 때문이다.

이런 측면에서 생각할 때 김일두 시인은 품성이 곱고 가슴이 아름다운 분이라고 생각한다.

고운 정서와 잘 다듬어진 품성에서 창작된 시들이고 보니 시가 곱지 않을 수 없다. 살아온 연륜에서 우러난 그윽한 향기가 시적 변용을 통해 앙금으로 우러나 있을 뿐만 아니라 시를 형상화시키는 과정에서도 무리한 시어의 채택이나 모순된 언어의 변형이 없으며 은은히 우러나는 운율과 언어의 함축이 주는 여운 또한 그윽

함을 주고 있다. 특히, 상황논리에 시적 상징성을 드러내는 솜씨는 좋은 시의 표본을 보는 느낌이다. 흡사 청자 빛으로 대변되는 아름다운 빛을 보는 느낌이다.

어쩌면 시 자체가 김일두 시인의 모습처럼 각인되고 있다는 것은 그만큼 시를 쓰는 감성이 순수하고 고운 비단결 같기 때문이다.

이제 첫 시집을 내는 늦깎이 시인일지 모르지만 시 쓰는 창작행위가 이르고 늦은 것이 없다는 생각이다. 언제 어디에서 어느 때 쓰건 좋은 시를 쓸 수 있다면 문제가 없기 때문이다.

끝으로 첫 시집 출간을 진심으로 축하드리며 초심을 잃지 않고 늘 시인의 가슴으로 살아가길 기원하고 싶다.

■ 차례 ■

제2부

제3부

제4부

제5부

제1부

목련木蓮

봄이 오는 소리
새들도 알아차려 파르르 입술을 내밉니다
지그시 싸늘한 바람도 견뎌냅니다

봄에 피는 저 꽃은 고집도 욕심도 없어
짧은 일생을 탓하지 않습니다

기도하듯 피는 봄
사랑을 주기만 하고 서둘러 돌아갑니다

탐스러움도 부질없다는 것을
목련은 숨기지 않습니다

봄을 열고 지는 꽃잎
허망이 아닌 마지막 선물입니다

귀뚜라미

처서가 들어서니
무더위는 가만가만 물러가고

더위를 식히는 비가 몰려와
서늘해졌다

사방에서 가을 냄새가 난다

누가 마음을 퍼 갔는지
허전함이 한 바가지더니

귀뚜리가 떼로 와서
적막한 밤을 채운다

우전차

겨우내 참선 청결한 마음이
곡우 맞아 세상에 고개 내밀다가
목이 잘린 꼴
기가 꺾여 울분을 삼킨다
숨만 깔딱 깔딱
한순간이 일생 같은데
큰 가마솥에 정신이 번쩍 들었다

덖음이란 수련이 시작되고
데일만하면 뒤집기의 반복
혼신을 다한 담금질이 죽일 듯 살려낸다

딱 그만큼이어야 했다
새로운 영혼이 귀족으로 태어나는 순간

귀 한 분 앞에 따끈한 물에서 환생을 한다
구수하고 은은한 맛과 향
찻잔이 차밭이다

회상回想

너의 각혈을 알았어야 했는데
쓰린 가슴 눈치도 못 채고
싸늘한 벤치에 홀로 기댄 시름을
무심코 지나쳐버렸다

불현듯 병영을 찾아준 글이
설레는 숨결, 떨리는 손길이였고
얼어붙은 계절 한줄기 훈풍이었다

제대란 현실에 눈을 뜨고
어떤 경쟁에 내몰린 복교
한계의 벽
굴곡의 갈림길

늦은 후회는 눈도 떠보지 못하고
네 마음이
언제 왔다 가는지도 몰랐다

누나의 등

업은 적 있어도
업혔던 적 없다고

보채고 울면 가슴이 조마조마
겹겹이 꾸지람 들쳐업어
엄마만큼 속 타들어 갔어도
그런 적 없다고 한다

등에 눈물 콧물 자국은
반들반들 얼룩 지도로 남았어도
더구나 모른다고 한다

엉덩이 속옷 따뜻하게 적셔도
누나 울상이었어도
너무 어려서 몰랐다고 한다

가릴 것 가릴 줄 알고
철이 들 때쯤
그는 멀리 시집을 가 버렸다

눈썰매

한계령 오르다
쌓인 눈 한 자락이 대명 뜰에 뚝 떨어져
아이들을 불러냈다
엄마 아빠 붙잡던 고사리손
낯 설은 썰매 두렵던 아이
조마조마 미끄러져 내려간다

낯빛이 달라졌다
짜릿함에 눈이 뜨였다
생기가 반짝 눈이 빛나는 아이들
햇빛이 반짝반짝 뛰어놀고
깔깔깔 노랗게 출렁이는 하늘
눈의 등을 타고 미끄러지는 시간
등에 땀이 흐른다

어른들도 동심으로 돌아가고
추위는 저만치 물러선다

눈을 누비는 싱싱한 즐거움
오늘 밤 아이들은
썰매를 타고 하늘을 날까

가오리연의 꿈

하늘이 그리워
뼈대에 살을 입혀 서너 개의 꼬리를 달면
날아오르는 꿈을 꾼다

가오리 한 마리
긴 꼬리를 흔들며 하늘을 헤엄친다

까마득한 하늘바다
바다처럼 깊다

바람결에
흰 구름 파도처럼 일어서지만
물정 어두운 신출내기
세파에 서툴러
목줄이 나뭇가지에 걸렸다

꿈 펼치던 아이는 돌아가고
길 잃은 가오리연
애꿎은 꼬리만 흔들고 있다

둥지

살길 찾아 재 넘어간 형제들
어느 날 그리운 모태를 찾아 모였다

강화 산 밑 예쁜 둥지에는
훌쩍 큰 소나무가 반기고
꿈을 간직한 과수들
산머루 다래넝쿨이 또랑또랑 여물어간다

한 지붕 삼 형제들
못다 한 이야기에 짧은 시간은 어두워지고
낯선 밤은 깊어만 가는데
밤새 거센 비바람에
뒷산 상수리나무 어깨가 흔들렸다

정성이 넘친 식탁
별채식당에는 그리움 한창 어우러지고
촉촉한 아침 이슬비
이별의 시간을 늦추고 있다

아소산*

싸락눈 내리는 아소산을 보고 눈치챘다
싸늘한 바람에 뜨거운 속내가 보이는 것을
조금 풀리나 싶더니 다시 감싸고
그리 보이기 싫은 속내를 어찌 지금도 태우는가
발길도 허락 않는 두려움 무엇이기에

점심만 먹고 가란대로 갈 수밖에
언제 풀릴지 모르는 속내
끓고 있는 그 마음이 보일 듯
아쉬운 여운만 서성인다

말라버린 억새길
눈 아래 천 리 밟으며 돌아선 발길에
위로의 '불 축제' 흔적
끝이 없다

숙연한 불꽃이 눈에 밟힌다
초봄의 그 축제
탁 타닥 불꽃이 삼킨다
억새 비명을
함성이, 자욱한 연기가, 안개처럼 떠오른다
억새 천 리

* 일본 활화산의 이름

무상無常

지나온 만큼 쌓여진 두께를
한 켜씩 풀어 꽃 피워도
다 피우지 못해
다시 쌓여만 가고

세월에 익어 종자를 남겨도
흔적만 비치다
빛바랜 먼지로 날아도
뉘 눈길 머물러 줄 것인가

들판 가지런히 초록 물결이 좋아
거슬러 올라 눈짓으로
먼지의 시원을 굽어본들
오늘은 내일의 먼지일 것이다

여유를 빌려 창공에 올라보니
촌음에 맞는 몸매를 가졌지만
얼굴은 없다

첫 사랑

내 시선을 슬쩍 낚아채 갔다
이슬 머금은 장미 한 송이

수줍음이 참 곱다 싶었는데
선뜻 비집고 들어오다
가시에 스쳐 피가 고였다

싸매고 견디어 온 시절
오랜 구박에도
간간이 스치는 안쓰러움에
새살 돋을 기미를 잊었다

그 곱던 눈이
미워지는 밤이면
그가 멀게만 느껴지다가도
가슴 한켠에서 첫 얼굴을 내민다

산은 부른다

산 그림자 배낭에 지고
마을로 내려오면
다시 눈에 아른거려 산에 오른다

돌아서면 그리운 산
가파른 고개도 바위산도
두렵지 않다

애인을 만나러 가듯
구슬땀으로 산봉우리 올라서면
정상이 기다린다
하지만 다시 헤어지는 애틋함
기다림은 밀회처럼 설렌다

가슴에 살아 숨 쉬는 산
오르기 위해 또 때를 기다린다

지친 일상 보듬어 주며
허전한 상처 감싸고 채워주는
어머니 품 같은 산이
그곳에 있다

난蘭의 눈물

그윽한 향에 사로잡히고
달콤함에 취하고 말았지

시집온 지 오륙 년
봄철 마다 진주 같은 눈물로 정성을 쏟아
기쁨을 안겨줘도
시들면 언제인 듯 잊었다

한결같이 깊고 그윽한 체취
알아주는 이에게만 알려주었다

백옥의 눈물에 마음은 궁전이 되고
살포시 발 들어 비상하는 선녀들의 기품에
눈길을 여민다
설점 설 가려준 두 부판
청순 가인 그 자체다

아침이슬 같은 심성이어서
벼랑에 선 애절함에
품을 수도 돌아설 수도 없어
애틋함만 쏟아진다

물망초

떠난 사람은 돌아오지 않지만

떠난 사랑은

떠났던 연어가 돌아와 알을 남기고 죽듯이

가슴에 추억으로 돌아와 죽는다

보릿고개

엄동을 겨우 건너
새봄 뚫고 나와
한 줄기 빛이 된 것아
너는 그 고개를 모른다
얼마나 가파른 고개인가를

고창 뜰 청보리 축제
시대가 변하여 생겨난 깃발
바람의 들판에 일렁이는 푸른 머릿결에
탄성이 터질 뿐
가슴 쓸어내릴 옛날은 없다

허기를 알랴
등짝 달라붙는 속 쓰림을 알기나 하랴

심줄같이 질긴 삶을 이어온
오뉴월 그 고개를

제2부

낙화

– 세월호의 한

초롱초롱한 눈망울로
선상에서 바라본 색다른 아침
최후의 조찬에는
설렘 가득한 바다가 있었다

피지도 못한 봉오리를 꺾으려고
죽음은 도적같이 왔다

덫에 빠진 선체는 기우는데
'꼼짝 말고 기다려라' 묶어놓고
급하게 제 식솔 몇만 챙겨
한 걸음 먼저 도망친 선장

그는 이미 짐승으로 변해있었다
움켜쥔 여린 생명
천길 바다 밑으로 수장시켰다

깊은 바다
붉은 낙화가 떠다닌다
짜디짠 울음이 떠오른다

가마도 지옥*地獄

수만 년을 끓어
솟구치고 토해내는 울화
아직도 가슴이 용광로 같아
조마조마 조심스럽다

혈족 따라 나뉜 원주 탕
지옥도 네 땅 내 땅 나뉘어
인간의 때 덕지덕지 끼어 간다

포장 속 깊은 지옥의 용광로 밟고
희희낙락 족욕 족을
마음 열어 허용하는 속내

무례의 발길도 그저 지나침은
늙은 기력 탓인지
끓어오르는 심기를 다독인다

지옥이란 이름에 행락을 칠한다고
낙원이야 되겠는가

* 일본 후쿠오카 오이타현 벳부 지옥온천지

개나리꽃

쌀쌀해 나비도 못 오는데

기웃거림 없이 친정 신행 온 새색시처럼
성큼 안뜰 들어섰네

유채는 남녘에 떼어 놓고 한달음에 왔는가
숨차고 기진할 터인데 간드러진 너울춤
신이 났구나

분단장 맵시에 세상 찬사 침 마르고
아마, 뭇 시선 따가울 것

언 땅도 녹인 미소 언 맘을 사로잡았네

산 넘고 물 건너 흐려진 잿빛 북녘 하늘에도
더 그런 미소를.

연안 안개

어스름 커튼이 한 겹씩 드리워지고
능숙한 손놀림에
해변의 집들과 산이 사라졌다

섬으로 갈 일정이 날아가고
뱃길도 깊은 수심으로 가라앉았다
바쁜 마음은 하릴없이 눈만 끔벅거린다

급할 수록 돌아가라는 말은
어깨를 치고 빠져나가고

순종을 팽개치고 기다림을 외면하고
길길이 뛰어 보아라

기다리던 마음마저
짙은 안개에 묶이고 있다

가슴에 피는 꽃

계절에 실려 온 꽃내음에
지그시 내다보니
으스스 떨며 부르는 손짓
담장마다 노란 미소 나풀거린다

봄기운에 불꽃을 당겨
일시에 복병같이 일어난 아우성
눈의 호사가 넘치는 봄이다

어찌 이리 고울 수 있으리
절절함 없이 어이 꽃이 될 수 있으리
잠자는 가슴팍 파고들어
내처 흔들더니

목이 터져라 외침으로 피어나서
가고 없는 꽃
내 마음에 꽂혀
선연히 솟아나는 꽃

추억

단 팥 빵이
줄을 세웠다
장인 혼의 손맛
추억을 사러 왔다

요사스런 것들이
옛 혼을 다 몰아냈어도
용케 살아 지켜온 세월

언제부터 실향민 되어
그리움에 찌들었어도
오늘만은 활짝 가슴을 열었다

가느다란 기억 속 추억이
타들어 가는 갈증을
목 놓아 풀려 한다

도요새*의 숙명

잔잔한 수면에서 한 송이 파장이 솟아
바람이듯 천태의 율동으로 피는 꽃

보아도보아도
눈 감으면 파노라마로 피어나
깨어나면 없어지는 꿈

알라스카라는 고향이 그렇고
뉴질랜드라는 휴양지도 그리울 테지

보이지 않은 하늘 길 꿰뚫음도
일주일 내내 쉼 없이
날 수 있는 힘,
바람이라 하기에 너무 고귀하다

한철 건너며 스러지는 희생 딛고
창공에 출렁이는 춤사위
처절한 수련의 삶에 가슴이 섬뜩하다
바람이 되어 먼 길 떠나는 도요새

* 도요새 : 겨울을 뉴질랜드 등 남쪽에서 보내고 태평양을 건너와 한국등에서 잠시 머물다 알라스카 등 북쪽에서 봄 여름을 지내는 철새.

잊혀 진 사람

움켜쥔 세월에 잠시 힘을 풀고
뒤돌아본 끝자락
아스라이 밀려왔다
눈길 너머 더듬어도 간만큼 다시 멀어져
보일 듯 희미한 얼굴
눅진눅진한 시간이 설렘을 놓지 않는다

어쩌다 펴본 사진첩 속에
긴 세월 누렇게 바랜 흑백사진들
지난 시절 애틋함만 따라다닌다

뿌려진 흔적 더듬어 가다가
향긋한 향기를 보고
눈 속 가득 풍경만 맡을 수박에

솔솔 이는 바람에 밀려
시간이 지나가는 자드락길 따라
흐느적흐느적 넘어가는 사람

사자루*

정적이 감도는 뒤안길
거슬러 한 발짝씩 조심히 다가가면
훤칠한 모습
반갑게 맞아 준다

도도한 숨결이 맥박을 타고 들어
핑 도는 눈물

도적맞은 날들 머금고 버티어
피 바람은 풍상에 지워졌어도
새겨진 흉터 빳빳하게 남아
번쩍 정신을 일깨운다

고목은 삭아 등이 꺾이고 부러져도
서린 한이 끈질겨
등 결에 새순이 돋았다

* 사자루 : 부여 부소산성의 제일 높은 곳에 위치한 누각 (사자루 현판은 의친왕 이강이 씀)

망양정*望洋亭

오뚝 솟은 바닷가 언덕
동해를 한눈에 굽어보며
물보라에 가슴 흔들리고
쏟아내는 거품에 붙잡힌 세월이
정자에 앉아있다

천 리 수평선에
찌든 상념을 씻어내니
가슴이 탁 트인다
구름조차 그 너머가 고향인지
한발 걸쳐 기대어 섰다

오른쪽 건너 해맞이 공원
해님 맞을 단장을 끝내고
아침 마다 기도하듯 기다린다

왼편엔 굽이굽이 불영계곡 거쳐 흐른
왕피천이 역사를 머금고
연어를 품어 고향이 된 곳
숙종이 하사한 관동제일루關東第一樓
현판이 지그시 내려다본다

* 관동팔경중 하나. 경북 울진군 울진읍 근남면 망양정로135-6 (숙종이 관동팔경중 '관동제일루' 라는 편액을 하사하였음)

산수유의 꿈

또랑또랑 봄눈이 텄다
고개를 들고 으스스
봄이 노란 혀를 내민다

꿈도 못 꿀 첫발
봄이 빗장을 연다
가슴을 짜내어
꽃 순 모아 만든 꽃다발이 눈부시다
가냘픈 병아리 미소에
꽃샘추위도 한발 물러선다

걸음걸음 피어난
빽빽한 꿈들에 눈시울 젖는다

가지마다 빽빽이 매달린
조용한 외침이 가슴을 울린다

침묵

땅거미 들어
소나무 숲이 까만 침묵을 깔고
하루를 접어 베개 삼아
피로를 누이고 고단한 잠에 떨어진다

바람도 언덕 기대어
쏟아진 피로를 덮고 눈을 감는다

벚꽃 길

애잔하게 피더니
머리 위로 눈처럼 내린다
휘날리는 서글픈 손짓
다시 올 기약인가

나무를 떠나
땅에 누웠어도 곱기만 하다
꽃길을 걷는
발길이 조심스럽다

살랑 바람 또 한 번 희롱하니
하르르 봄이 진다
서운한 뒤안길에
나 또한 서성이는 것을

눈꽃이 내리는 십 리 벚꽃 길
온갖 미련 뒤로하고
뿌리치듯 가는 봄

휴가풍경

삶에 얽매여 살다 보니
다람쥐 쳇바퀴 따로 없다

끝물 휴가철
막힌 숨통이 트인다
눈에는 파도가 일고
가슴에 바다가 들어와 흥건한 땀이 가신다

짐을 꾸린 가족들 차량이 넘치는 고속도로는
시간을 재고
앞차와 뒤차 꽁무니를 물고 따라간다
이어진 길
끝이 없다

더위는 기승을 부리고 짜증은 치솟아도
가다 돌아선 이 없는 기차놀이
꼬리에 꼬리를 문 게임은
늘 반복된다

쏘울 교황님

쏘울 타고 꽃동네 오신 교황님
장막 걷어 젖히니 잊혀진 눈물이 반짝인다

거두고 보살핀 겸손의 손길이
천사의 미소 같이 곱게 피어나

버려졌다는 소외
모르고 있다는 포기
잊었을 거라는 절망에
그리움마저 두려움이었음에

안아주고 보듬어준
눈이 부신 빛에 어둠이 사라졌다

영광이 쏟아져 유난히 깊은 하늘
누리에 향기가 은은하게 스며들고

볼품없이 작은 쏘울이
어느덧 크게 보인다

제3부

십리포 소사나무*

차출부터가 예사롭지 않은 운명이었지
본성이 착해 척박한 모래 자갈길도 순종했지

동쪽만 바라보며 풍파와 맞선 한 세기 훌쩍 너머
온몸이 뒤틀리고 구부러져 훨씬 늙어 보여도
심성은 참선을 넘어 예술로 태어났다

덕분에 아름다운 십리포
눈길을 끄는 매력적 굴곡에 빠져든다

버팀의 주역
사랑을 받는 설치 미술품같이
해를 거듭할수록 쌓인 연륜에
넉넉한 품위로 빛날 십리포 숲

바람은 발톱을 숨기고 소사나무에 걸터앉고
아담한 십리포 백사장에
사나운 바다가 안겨
조는 듯 눈을 뜨고 감는다

* 인천 옹진군 영흥도 십리포 해수욕장 방풍림.

소쩍새 우는 밤

먹물을 풀어놓은 밤
쏟아지는 별을 담으려는 듯
앞 논에 개구리 독경이 끝없이 이어지고

뒷골 소쩍새 울음이
정적을 깨뜨려도
고단한 밤은 눈도 끔쩍 않는다

짙어지는 밤 간 절만 쌓여 가는데
가슴에 이는 물결이 울고
토하는 절규에 목이 메인다

밤새우며 우는 곡절은
치성을 바치는 염원인가
고달픈 심사에 나는
헝클어진 잠을 뒤척인다

파도의 속셈

잔잔한 파도
멀리서 보면 꿈같아도
가까이 가면 성깔이 보이고
바짝 다가서면 사나운 이빨이 보인다

기다란 방조제 껴안고 부서지는 파도
멀리서는 멋지고 감탄스러워도
너울성 리듬은 그만의 엇박자
돌변하는 파도는 낚아채는 명수다

너울성 음성에 귀 기울이면
"가까이 오기만 해 봐라"

숨죽이며 벼르고 있다

예술인 나들이

우중충한 날씨만큼 시든 얼굴들
모처럼 나선 버스 남행길

차내에 가라앉은 칙칙한 분위기 건지려
탈색된 언어의 활개 부딪칠 듯 조바심이
꼼짝 못 하게 내달린 속도에
맑은 눈동자 하나 구석에 박혀 주눅이 들었다

발동한 또 다른 직성이 가락을 넘나들고
무디지 않은 기량
날쌔게 줄을 타고 어깨 위를 넘나들지만
농익어버린 맛은 아쉬움이 남고
뒷맛은 웬지 다르고
미달은 미달을 모르고 자신을 더구나 모른다

귀가 소란한 지루함은
시간 재지 않아도 넘실거리는 남해에 도착
바다 건너 리조트를 바라본다
꿈을 꾸듯이

사인암舍人巖*

신선이 하강하였다
몰아치는 비바람 온몸으로 받아
한설을 머리에 이고

오는 세월 오는 대로 받아 삭히어
남긴 세월없으니
떠밀려 가지 않고 늙지 않아
점점 빼어난 가인이 되었다

소문은 바람을 타고 멀리 날아가고
몰려든 이들 상기된 볼 마냥
부끄러운 듯
홍조가 마음을 적신다

* 충북 단양 팔경중 제4경. 명승 제47호

손녀의 갈증

어린 손녀 만나면
어김없이 할미 손 끌어당겨
오물오물하는 입버릇
때론 할아버지 손톱도 엄마 젖이 된다

이른 아침 엄마 출근길에
따라나선 어린이집
하루 종일 엄마 손길 떨어져
여린 가슴 얼마나 아팠을까

엄마 갈증에 늘 목말라 했을
엄마 속도 타들어 갔겠지만

저녁은 반가움에 젖어 잠들었어도
날 새면 긴 하루가 속절없이 오고
하루가 저물기를 기다리는 손녀
할미 손톱 긁으며 오물오물
멈마*를 마신다

* 엄아와 맘마를 믹서한말

전나무 숲길*

모두를 벗으로 맞아
보낸 계절이 헤일 수 없이 돌고 돌아도
생각만큼 휜칠하고
도량도 어여삐 자랐다

무례한 태풍이 몰려와
정수리 하얀 뼈가 드러났어도
눈물 훔치고 추스른 의연한 모습
고개가 숙여진다

걸음걸음 숨결이 섞여
언제인 듯 숨길 뚫리고
조그만 개울도 입이 터져
소곤소곤 잘도 흐른다

육백여 미터 '전나무 숲길'
천왕문 넘기 전에 벗이 되었으니
경내 천 년의 느티나무는
위용만 보일 뿐이다

* 부안군 진서면 내소사, 전나무 숲길

채석강의 석양

이별은 시작인가, 기약인가
하늘이 내린
첩첩 쌓인 사연 앞섶 풀어 맞이하는 이별
아예 낙조 향해 눈이 꽂혀버렸다

수수만년의 속내 어찌 가늠하랴
영원의 한순간 인들
찰나의 눈길이 어찌 가늠자를 대 보겠는가

앞에 펼쳐진 수평선, 점점의 섬
도란도란 금빛 파도의 밀어
보기만 해도 심장이 먼저 달려간다

검붉은 이별이라도 회색 하늘이라도
짠한 파도인데
서럽고 아쉬움이 머뭇거리면
이글거리는 심사 오죽하겠는가

매일 이별을 마시고 취하여
붉으락푸르락

도담삼봉*嶋潭三峰

천근의 무게로 앉아
단양의 뿌리가 되었고
태백의 뿌리가 되었다

어찌 보면 하나, 어찌 보면 둘
다시 보면 셋이 톨아 진 사이 같아도
지근에서 떨어짐 없으니
운명적 가족이다

크지 않아도 위용을 지녀
단양 제일경이 되었고
살포시 올려놓은 정각은
신선이 노니는 선경의 운치다

호수가 곁에 있어 목마르지 않고
시시때때 정겨운 바람의 손길도 있지만
구름처럼 밀려온 인파는 눈길만 주다 떠나니
늘 외로움이 감돈다

* 충북 단양군 단양읍 도담리 19. 단양팔경 중 명승 제44호(단양팔경 중 제일경)

새벽을 열다

전쟁을 치르듯 새벽이 쳐들어 온다
준비할 시간도 없이
다급한 촌각을 넘어서면
싱싱한 새벽이 지친 등을 떼밀어 준다

한 발짝 내디디면
쳇바퀴처럼 돌아가는 하루
시간은 떼밀지 않아도 돌아가고
어김없이 어제로 사라졌다

순풍도 때론 회오리도
아물어도 아픈 상처
북새 떠는 새들의 아귀다툼에도
길가에 핀 민들레 파란 하늘 보고 웃는다

철철이 다른 모습으로 다가와
숱한 우여곡절에도 정이든 친구
그럭저럭 실려 온 역 내려보니
먼저와 기다리는 또 다른 마을
이곳의 새벽을 열라 한다

귀천

오전에 떠났다는 소식 전해 듣고
엉거주춤 우두커니 서 있었다

달포 전쯤 친구들과 식사 중에
남 이야기처럼 수술받은 일 덤덤케 말하던
그 식사가 마지막 일 줄은...

전전년 임진각 평화공원 동반 나들이
과년한 맏딸 결혼 포기 가슴에 가시처럼 걸려하더니
지난해 화창한 봄 막내아들 결혼에 기뻐하던 사람

중학교에서 만난 이후
많은 우여곡절 넘었으니
말년에 자주 보자더니

기름기 다한 호롱불 마지막 숨결같이
딸의 마중은 차마 놓지 못하였을 것이다

*13.8.12. 박홍락 을 추억함

어처구니없다

또드락또드락
건반 치듯 두드리는 추녀 끝 낙수
짧은 연주는 금세 그쳤다

긴긴 여름 갈증에
목이 탄 가로수
푸석푸석한 발목에 소복이 근심이 쌓였다

질긴 숨
안간힘으로 버텨온 나날들
목줄에 피멍이 시퍼렇다

신음이 하늘에 닿았나
목마른 자가 샘을 파는 것은
인간이 하는 짓거리

콘크리트 바닥에 구멍 뚫어 꽂아놓은 나무들
하늘에 운명을 맡겨버리고
모르쇠라니
어처구니없다

생명은

같은 매일은 없다
일상은 같아 보여도 시간은 다르다
더구나 내일을 미리 살아볼 수 없는

그날그날 피고 지는 꽃도
모양도 빛깔도 다르고
시시때때 향기의 농도가 다르다

싱싱함이 넘실거리는 것은
보아달라는 애원
이야기 나누자는 눈짓
사랑을 나누자는 것

유혹을 모르는 꽃은 향기가 없고
사랑을 모르면
모양만 꽃일 뿐이다

성묫길

폭설이 막아 밀려진 구정 성묘
아들 손자 삼대가 길을 나섰다
소풍인 듯 신이 난 손자들
철없는 손자의 외침을 조상님 들으셨을까
막내의 젖 먹이 둘째 만 빠진

화창한 선산 길
축복이 따로 없다

조상님 달려와 안아주시고 머리 쓰다듬으신다
'요놈들 내 진 손자렸다'

콧등이 시큰거리고
울컥 눈시울 뜨거워진다

하늘이 파란차일을 드리운 날
삼대가 조상 앞에 나란히 앉아
모처럼 안부를 올린다

첫 만남

그가 사뿐사뿐 걸어 들어 왔다
갑자기 말문이 막히고
가슴이 뛰었다
눈길조차 마주치지 못하고
초면 인사도 똑바로 나눌 수 없었다

서성이던 눈길 마주치자
도둑처럼 당황하여
보기조차 두렵고
오금이 저려 왔다

매화꽃 미소에 주눅이 들어
되레 그의 눈 속에 갇혀 허우적거리다
말을 잃었다
어떤 말도 할 수가 없었다

예쁜 것이 두려움이란 것을
좋아하는 것이 죄라는 것을 미처 몰랐다

제4부

낙엽

멀어진 기억은
어디쯤 가고 있는가

싸늘한 바람이 할퀴고 간 자리
놓아 버린 손길 어지럽다

까맣게 타들어간 심장
오그라든 손발이 벤치 아래 수북하다

오가는 발길에 차이며 짓밟히는 것들
어미의 언저리 서성이며
쉬 떠나지 못한다

빈 손인 어미
가을비에 흥건히 젖는다

노란 단풍들

바람결에 흔들리는
은행나무

정신을 바짝 차려도
자꾸만 들썩이는 어깨

입을 다문 마지막 시간이
한 발짝씩 다가오고 있다

높은 하늘은 저만치 멀어지고
새벽안개를 따라
노란 단풍들
바람 속으로 사라지는데

추억 찾아가면 만날 수 있을까
그 고운 자태

뿌리

두꺼운 어둠의 장막
뚫고 내달린 철마
택시 갈아타고
막아선 새벽안개 가르고 달려
기다릴 조상님 일념에
가쁘게 다다랐다

수백 년 이어온 시제
피는 뜨겁게 흘러 긴 강을 이루고
예포 차려입은 알현 후손들
구름 타고 바람결 실려와
초롱초롱 나풀거린다

한 뿌리로 모인 자리
반가운 눈물 밤새 비로 내려
흥건히 젖은들 어떠랴

싸늘한 바람 숨죽이고
따뜻한 햇볕이 끄덕인다

떠나시던 날

돌아오지 못할 길
홀연히 떠나셨다

또렷한 미소도 그를 따라
누워버렸다

긴긴 하룻밤 새고 나니
밤새 하얀 눈으로 넌지시 웃는
삶은 가고 시간만 남았다

가버린 생 사랑만 아물거리고
때는 스쳐 가고
세월은 낡아 희미해질 것이다

같이한 때,
꽃향기만 남기신 님
내일이 없는 하늘에
어느 별 되어 우리에게 눈짓하실까
청청한 하늘에 안기었으니
더한 꽃 피우 소서

참새와 아낙

끈질기게 달려드는 참새 떼 쫓아
곡간을 지킨 시절
눈보라 문전까지 들이쳐도
참새는 주변을 맴돌았다
아침 키질 하며 겨라도 날렸으니까
싸라기라도 몇 알 날렸으니까

눈총은 있어도 인정도 있던

한 시절 지나며 자식들 자라
부모 가슴 파먹던 자식 떠났어도
살길 찾아간 것 잊은듯하여도
해 저물면 사립문 만 바라본다

젊은 아낙 흔적 없어도
할머니 기척 붙잡아
내일을 사는 참새

어떤 혼배

가슴 뛰게 한 예쁜 파랑새
마냥 쫓아갔던 순정이
오늘 한 쌍이 되어
성스러운 제단 앞에 섰다

엷은 미소로 내려 보시는 곳
그 엄숙함에 다리가 떨리고
주눅이 들어도
대답으로 확인 절차 받고
뒤따르는 맹세와 다짐

가만히 지켜보시는 당신 앞에
일생 한 번의 약속을 바친다

이제 신의 말씀대로
부모를 떠나 한 가정을 이루고
두 사람은 한 몸이 되었다

눈길

눈이 내려
온통 천지가 하얀데
산을 오르니 벌써 눈길이 뚫렸다

눈에 덮인 나무는
숱한 이야기 내려놓고
깊은 묵상에 갇혀
숨소리도 들리지 않는다

모든 것 다 지워져도
생각 하나씩 접고 접어
무아의 날개를 펴면

온 세상 보인다 은 백의 세계가
새하얀 마음이

파도

토라진 심술이 시퍼렇다
밀물일 때 마음이
썰물 되면 다른 마음이 되나
쌓은 이야기 어디서 잠을 잘까

저려오는 아픔에 눈물 쏟는
울렁증이 너무 버거워
거품만 내뱉고
앙칼진 소리만 깊어간다

수평선만 더듬다 젖은 눈은
지난 추억이 아파
긴 뒤 그림자만 밟고 멀어져간다

태양은 먼 남쪽에 눈이 팔리고
시베리아 바람만 스치니
몸과 마음이 싸늘하다
몸이 멀리 떠나 마음 까지 식어버렸다

생과 사
-실미도의 천운

한밤에 잠자던 용사들
꿈속에서 나오지 못했다

총알은 그들 손에서 불을 뿜고
끓는 피만 미쳐 날뛰어
소년들은 돌아오지 못하고
어둠 속으로 사라졌다

배탈이 난 소년은
해우소에 짐을 풀다가
위기를 모면했으나
벗어 날 길 없어
오물에 뛰어들며 생명을 걸었다

일각이 여삼추 같은 한나절에
총알은 눈이 어두워
스치듯 지나쳤다

억새꽃

하늘 마당 단지
억새풀 입주시키니
그들의 특구가 되었고
가을 축제 열었으니 억새가 주인이다

타고난 용모는 물색없는 잿빛
꽃인들 어이 꽃이라 하리
바람 없으면 뉘와 장단 맞추고
꽃 결에 마음결 실어 보냈으리

쪽빛 하늘에 머리 감고
하늬바람 타고 일렁이는 머릿결
태생이 그리움인가
고향이 너를 타고 오는 것을

바람에게 밀려도
다시 일어서는 억새들
저 겸손한 무릎들

어떤 향기

신발 벗고 배낭 벗고
모자도 내려놓고
삼정헌 오르니
선경이 코앞이었다

넘치지도 모자라지도 않은
적당한 온도라야
떫지도 비리지도 않은
녹차의 향
평범 속에
진미가 숨겨진 줄 몰랐다

님 마주하고
다향 가득 입안 머무르니
양수 비경이
꿈이 아닌 생시였다

찻값은 없으니
불전함에 마음 놓고 가란다
마음 보태고 돌아서니
미소가 따라왔다

일출

동이 트기 전 산정에 다다라
새해 첫 여명 맞으러 청마 등에 올랐다

가슴에 새긴
간절한 염원 뵈지 않아도
웅크린 열기 모락모락 피어
싸늘한 하늘을 달군다

태양이 붉게 솟으니
생기가 돌아오고
환호는 기대를 불러온다

그늘에서 생명을 보고
어둠에서 달과 별을 주니
새날 창밖은 싱그럽고
눈망울은 활력을 안고
내일로 달리는 물결을 탄다

거수據守*

동굴의 낙수가 만상을 깨운다

한켠 비탈에
숨 고르고 일어서려다
양수비경에 눈이 뜨였다

풍상을 접고 삭힌 오백여 년
고고함이 서렸다

입새 뒤에 숨어 깃든 청록 눈망울들
몇 밤의 진통으로 태어났을
양수 품어 올려 키운 정성에 땀이 배이고
지극한 침묵으로 세상을 내다본다

계절 따라 들녘이 바뀌고
수없이 오르내린 세월이지만
선인의 선연한 눈길도
머무는 바람도 향기롭다

* 水鐘寺 은행나무: 보호수, 수령 500년

칼바람

올가미의 엉큼한 것 뵈지 않으니
한 몸의 양면성을 어찌 알랴

얼결에 오르게 된 숙명이라
풍랑이 아무리 드세어도
내릴 자유는 압류되어
극복만이 살길이다

저승에 가야 할 말이 담을 넘어
천둥이 되고
나동그라지는 벼락이 되었다

수없이 갈고 닦은 희망
벼랑 끝 만났어도
간절한 한마디 몸부림으로
마지막 샛강을 건넜어도
길이 간데없이 끊어졌다

한발 내디딜 곳 없는
투명한 철벽 앞에서
외투 자락만 펄럭였다

영별

봄날같이 포근 하구나
영영 보내는 날인데
높은 솔숲 정원이라 청정 공기 맘껏 이겠네
정녕 잡은 손 놓기가 싫었나 차마 놓을 수 없었나
그 숱한 밀어 어찌하라고 어이 나 고아 만들었나
정인 손은 놓았어야지

먼 길 뜨는 그대 그 다정이 나는 싫으이
이승이람 좋았을 것을
나 이제 뉘와 하늘대고 박장대소해 볼거나

자식 손주 친인척 다 모였으면 뭐하나
철모른 손주들 어리 뚱
막내아들의 한없는 눈물
쌀쌀하나 겨울은 없고
나들이 알맞은 참 좋은 날이었네

안녕 없는 이별이지만
모든 짐 내려놓고 천상 신혼 즐기시게.

제5부

고향

데미샘 골 떠나올 때
떨어짐 싫어
울며불며 따르던 서너 살 계집아이
아홉 살짜리 이웃 오빠가
엄마 등 같았나

반세기에 반의반 더 흘러
머리에 백설이 내렸어도

눈물 콧물 흘리며
일리야 일리야* 울부짖던 아이가

맘속 구석에
초승달로 걸려
언제나 흐릿한 빛을 뿌린다

* “일리야”는 필자 이름의 첫음을 이르는 말(아직 말을 못 할 때)

독버섯

하얀 분, 공들인 몸단장
번쩍 관심이 쏠리겠거니
산그늘에 쌓인 낙엽 뚫고 불쑥 얼굴을 내민다

얼마나 약아졌는지
코웃음
차가운 눈총
스틱으로 툭 쳐 노골적 능멸도

청순을 가장한 철면피란 핀잔쯤이야
호시탐탐 노려보는 뚝심
자신만만한 독소의 확신
용처도 모르는 바보들
내밀고 또 내밀어 본다

하얗게 또 다른 분장도 해보는 집념
시커먼 속내는 더 새까맣다

어머니

생각만으로도
어머니의 향기 피어올라
당장 달려가 안기고 싶은 분

불러만 봄으로도
그리운 음성
온화한 미소
인고 묻어나는 품위
맘속 심연에 계시어
반갑게 문 열며 마중하실
아리도록 사무친 분

눈감고 그려만 봄으로도
눈시울 일렁이고
콧등이 시큰거려
철없이 목 놓아 울고 싶은
참 야속 하신 분

소나기

구름이 더위를 먹었다
하늘이 붉으락푸르락 진통이 시작되고
번득이는 우뢰에 살기가 스며있다
하늘을 찢고 요동하는 울부짖음
땅을 삼킬 듯 덮쳐온다

천지 분간 없게 장막 내리고
해산하니
시침 떼듯 금세 하늘은 열이 내렸다
낮 빛 밝아지고 들판이 훤해졌다

처마 밑에
허둥지둥 비를 피한 발등이 흠씬 젖고

느닷없는 물세례에 혼쭐난 더위
저만치 물러가
주눅이 든 눈만 껌벅인다

흔적痕迹

고향보다 더 자욱한 오랜 기억
희미하게 바래
삶의 언저리 휘적휘적 걸어간다

고운 꽃밭 일구었지만
지난 세월
땀방울 튀기던 삶의 고비만 남는다

희로애락 요동쳤던 순간도
사그라진 불꽃
어느 가슴 모퉁이에
애틋한 씨로 심어졌으면
온기는 남아 있으려나

짙은 여운인들
울림 뒤의 끝자락

운무雲霧

골짜기를 슬며시 놓아버리고
산의 허리 휘감던 운무
더 높이 올라
불끈 하늘을 움켜쥘 듯하더니
바람 타고 달려나간다

몇천 리 유랑에
친구들 잔뜩 몰고 와
흐르는 개천 어루만지더니
온 대지를 덥석 품에 안아 버린다

산야는 화색이 다소 곳
타고 온 바람의 고삐 저수지 둑에 매어놓고
물속에 내려앉은 별도 품고
적막을 덥고
깊은 잠에 빠진 운무
꿈속에서도
파란 하늘에 날아오른다

철쭉이 피면

영혼에 불이 붙었다
온 산을 불살라버릴 듯

붉게 타오르는 함성에
산천이 들썩인다

어찌 혼신을 다해 토해내는가
봄이 목말라 터져버린 가슴
두려움이 없구나

좋아라 달려가 입맞춤 하려 했더니
먼저 온 왕벌이 차지했다

봄빛에 괜스레 뛰던 가슴이
서글픔으로 꺼지더니
가슴에 물든 봄은
매정하게 돌아선다

매미의 한철

새벽부터 목청껏 울어대는 매미
왁자지껄 하늘 가득 귀청이 따가워
계절이 귀를 기울인다

흘러가던 구름이 잠시 멈칫거리다
그냥 지나치고
누가 울든 관심조차 없는 새들
바쁜 일상에 덩달아 정신없이 분주하다

더위가 축 늘어져도
지극한 정성이 기도되어
뜨거운 울음이 햇볕처럼 쏟아진다

촌음 같은 시간들
밤낮없이 더 치열해야 한다
그것을 아는 지혜
짧은 생, 확실한 메아리는
여름은 지나가도 귓가에 남는다

어느 석양

돌아선 낙조
짙은 오열은 서럽고 처연하다

홀로 고단하고
다 주어도 모자란 아린 마음이
서산에 기대어 울고

달구던 열정 접어 여미고
기러기 재촉하여 재 넘어가는
어제 같은 아쉬움 오늘도 남아
서글픈 노을 망설이듯
머뭇머뭇 붉게 탄다

구름에 토해낸 홀연한 여운은
마음속 미련의 잔영인가

서러운 회귀回歸

잔뜩 일그러진 뒷모습에
매섭던 성깔 간데없고
볼 수 없던 눈물도 흩뿌리고

한달음에 달려왔던 산야
정들었던 모두를 뒤로하고
기가 꺾인 회귀는 섧다

죽은 듯 얼어붙은 수양버들
차가운 눈물도 반가워
치맛자락 살랑 흔드는 모습에
얼음장 깨지듯 가슴은 저리고

쫓겨도 미련은 남아
싸늘한 눈물 안개비 되어
앞산 허리 휘어잡고 흐느낀다

새싹 손자*·1

양손 벌려 마중하면
통째 기울여 온다

품 안으면
기쁨이 한 아름
안개꽃 정원 펼쳐지고
마구 달려가
두둥실 날아오른다

어찌 알고 반기는지
쪼그만 눈에
하얀 머리가 눈에 띄는지

생수처럼
새롬이 솟고
생기가 솟아난다

바람에
불씨가 살아난다

* 13.3.2/ 0.8세 손자

손주*·2

미지근한 내 맘속에
엉금엉금 기어들어 와
아예 고 녀석이 살고 있다

때때로 보면
요리 조리 할 일도 참견도 많고
아주 제 옷을 입었군

요놈이 더 컸나
뿌듯한 게 더 자랐나 보다
쑥쑥 같이 자란 미소
캄캄한 밤에 눈을 감아도
시도 때도 없이
피어오른다

부딪치며 살다 보니 데워졌나
더욱 뜨거워졌다

* 1.5세.

손자*·3

통통통 굴러와
안긴 기쁨이 넘실
꽉 찼다

아장아장 걸음마다 튕기는 노래
눈길 가면 의미가 새록새록
손길 가면 존재가 파릇파릇

할아버지 이쁘지?
"엄마 아~".

또 물으면
"으으응, 엄마 아빠"

몇 번을 더 물어도
소용이 없다

그만큼 더 자라
하늘이고 땅을 안다

* 2세.

손자·4

— 아버지의 노래

아들 말이
막내손자
그리 이쁘세요 !

아니다
둘째라서
더더욱 이쁘지

한가위 풍경

추석이 몰고 온 가을 서슬에
오곡이 고개를 든다

움 틔워 자란 초록 무리무리들
애티 달아오른 수줍은 홍조가
밤새 고개가 숙여졌다

둥실 피어난 구름
올라탄 바람에 한껏 하늘도 가볍다

흐르는 시간 위에 끼리 마다 도란도란
내를 만난 시내가 환호하고
꼬마 도랑들 시끌벅적하더니
여울목에 잠시 잔잔히 머물기도 한다

따가운 햇볕에 하늘이 여물고
영근 구름이 하얀 이불솜 만들어
미리 겨울을 준비하고 있다

새벽을 열다

초판 1쇄 2014년 10월 1일
초판 발행 2014년 10월 10일

지은이 김일두
펴낸이 양상구
디자인 은새
펴낸곳 도서출판 채운재
주소 100-861 서울시 중구 충무로2가 49-8(서울빌딩 202호)
전화 02-704-3301
팩스 02-2268-3910
손전화 010-5466-3911
이메일 ysg8527@naver.com

ISBN 978-89-93829-74-7 03810
값 9,000원